APPEL DE 1873

POUR

L'ARMÉE TERRITORIALE

LOI

ORGANISATION — CONSTITUTION — RÈGLEMENTS

PAR

ALBERT CAISE

Paris : 10 centimes. — Départements : 15 centimes.

PARIS

AUX BUREAUX DE VENTE DE L'AVENIR MILITAIRE

CHEZ F. PERRINET

10, RUE DU CROISSANT, 10

1873

LA LOI

SUR

L'ARMÉE TERRITORIALE

I

Appel de l'Armée territoriale.

PRÉFECTURE
DU DÉPARTEMENT
DE LA SEINE.

ARMÉE TERRITORIALE
(Loi du 27 juillet 1872.)

Avis.

« Les hommes des classes 1866, 1865, 1864, 1863, « 1862, 1861 et 1860, ayant ou non servi, appelés, « dans chaque canton, à faire partie de la *portion* « *active* de l'armée territoriale, en exécution de « l'article 77 de la loi du 27 juillet 1872, sur le re- « crutement de l'armée, sont invités à se présenter, « *du* 1er *au* 20 *avril* 1873, à la mairie de leur domi- « cile, à l'effet d'y effectuer les déclarations pres- « crites par la loi, afin d'établir leur position au « point de vue du recrutement.

« Ces hommes ont invités, dans leur intérêt, à se

« présenter munis des pièces (congés et certificats) (1) « de nature à établir cette position.

« Fait à Paris, le 31 janvier 1873.

« Le préfet de la Seine,

« A. CALMON. »

II

Loi sur l'armée territoriale

Votée le 17 juillet 1872.

DU SERVICE MILITAIRE

ART. 36. — Tout Français qui n'est pas déclaré impropre à tout service militaire fait partie :

De l'armée active pendant..................	5 ans.
De la réserve de l'armée active pendant...	4 ans.
DE L'ARMÉE TERRITORIALE *pendant*.......	5 *ans*.
DE LA RÉSERVE DE L'ARMÉE TERRITORIALE *pendant*..............................	6 *ans*.
Total..............	20 ans.

....

3. L'ARMÉE TERRITORIALE est composée de tous les hommes qui ont accompli le temps de service prescrit pour l'armée active et la réserve.

(1) Pour les anciens militaires de l'armée active : Congé militaire et certificat de bonne conduite au corps ;
Pour les anciens gardes mobiles et mobilisés : Le livret individuel dont ils doivent être détenteurs.

4. LA RÉSERVE DE L'ARMÉE TERRITORIALE est composée des hommes qui ont accompli le temps de service pour cette armée.

L'armée territoriale et la deuxième réserve (de l'armée territoriale) sont formées par régions, déterminées par un règlement d'administration publique, et comprennent, pour chaque région, les hommes ci-dessus désignés aux paragraphes 3 et 4, et qui sont domiciliés dans la région.

ART. 77. — Les hommes des classes antérieures (*à la classe* 1867), appelées en vertu de la loi du 21 mars 1832, *qu'ils aient été ou non* compris dans les contingents fournis par lesdites classes, feront partie de l'*armée territoriale* et de la *réserve de l'armée territoriale*, conformément aux dispositions de l'article 36 de la présente loi, jusqu'à ce qu'ils aient atteint l'âge prescrit par ladite loi pour la libération du service dans l'armée territoriale et dans la réserve de l'armée territoriale.

L'état de recensement des hommes compris dans cette catégorie sera établi conformément aux dispositions de l'article 15 de la loi du 1er février 1868.

Ils pourront être appelés par classes, *en commençant par les moins anciennes.*

Un conseil de révision, par arrondissement, composé ainsi qu'il est dit à l'article 16 de la loi précitée, prononcera sur les cas d'exemption pour les infirmités et défaut de taille qui lui seront soumis.

III

Organisation de l'armée territoriale.

Appel des classes 1860, 61, 62, 63, 64, 65 et 66.

Tous les Français nés de 1840 à 1846, et faisant par conséquent partie des classes 1860, 61, 62, 63, 64, 65 et 66, sont appelés, dans chaque canton, à composer l'*armée territoriale active*, qu'ils aient ou non servi.

Pour quelques-uns, la loi du 27 juillet 1872 paraît avoir un *effet rétroactif* vis-à-vis des hommes appelés aujourd'hui et qui ont été libérés du service militaire par leur numéro de tirage; c'est là une erreur, attendu que les lois anciennes ne dégageaient nullement, les conscrits libérés par leur numéro de tirage, du service de la *garde nationale.* Or, dans l'esprit de la loi nouvelle, qui a consacré le principe du « *service obligatoire et personnel pour tous les citoyens,* » il demeure certain que les Français âgés de moins de quarante ans, n'ayant plus à servir dans *garde nationale*, puisqu'elle est dissoute, doivent être versés dans l'*armée territoriale*, troupe similaire de l'ancienne, mais établie sur des bases plus solides.

IV

Etat de recensement des hommes appelés dans l'armée territoriale.

Les *états de recensement* des hommes de chaque canton compris dans l'armée territoriale seront établis, conformément aux dispositions de l'article 15 de la loi du 1er février 1868, ainsi conçu :

« Le maire, assisté de quatre conseillers munici-
« paux les premiers inscrits sur le tableau, dresse
« l'état de recensement des jeunes gens de sa com-
« mune qui doivent faire partie de... l'*armée terri-*
« *toriale* (la loi de 1868 disait de *la garde nationale*
« *mobile*). *A Paris* et *à Lyon*, cet état est dressé par
« le préfet (1) ou son délégué, assisté de trois mem-
« bres du Conseil municipal et du maire de chaque
« arrondisssement, pour le recensement de cet ar-
« rondissement.

V

Mode de déclaration dans les mairies.

Tous les citoyens français, nés de 1840 à 1846, doivent, aux termes de la circulaire préfectorale, se faire inscrire dans leurs mairies respectives, afin de permettre la formation des *Etats de recrutement*. Du 1er au 20 février 1873, les déclarations individuelles seront reçues.

Nous ne saurions trop recommander à chacun de se munir, en vue de cette déclaration, de toutes pièces militaires pouvant établir les services rendus soit dans l'*armée active*, la *garde mobile* ou la *garde nationale*. En effet, les titres déposés seront, sans nul doute, examinés, au moment de la formation de l'armée territoriale, et il y va de l'in-

(1) Ceci explique pourquoi M. A. Calmon a signé la circulaire citée en tête de notre travail sur l'armée territoriale.

térêt général d'indiquer, par avance, les droits acquis au point de vue militaire pendant la dernière guerre.

Donc, les hommes sortis de l'armée active devront exhiber :

1° Un congé militaire ;

2° Un certificat de bonne conduite au corps ;

3° Un livret.

Les anciens gardes mobiles produiront :

1° Leur livret militaire ;

2° Leur feuille d'appel ou de convocation dans la garde mobile ;

3° Leurs brevets (pour les officiers).

Les gardes nationaux licenciés :

Des billets de garde ou ordres de service qu'ils peuvent avoir conservés.

Ces pièces établiront péremptoirement la situation militaire des inscrits.

VI

Conseil de révision de l'armée territoriale.

Un conseil de révision, par arrondissement, prononcera sur les cas d'exemption et défaut de taille qui leur seront soumis par les hommes des classes 1860 à 1866, versés dans l'armée territoriale.

L'article 16 de la loi de 1868, applicable à la formation dudit conseil est ainsi conçu :

« Un conseil de révision par arrondissement juge, en séance publique, les causes d'exemption, qui ne pourront être que celles prévues par les nos 1 et 2 de l'article 13 de la loi de 1832, et les cas de dispense prévus par l'article 14 de la même loi et par les articles 79, du 15 mars 1850 et 18, de la loi du 18 avril 1867.

Toutefois, ce conseil de révision « peut exempter, « comme soutiens de famille, jusqu'à concurrence « de dix pour cent, ceux qui auront le plus de titres « à l'exemption.

« Ce conseil est présidé :

« Au chef-lieu du département,

« Par le préfet, ou par le secrétaire général, ou « par le conseiller de préfecture, délégué par le « préfet.

« Au chef-lieu des autres arrondissements :

« Par le sous-préfet.

« Il comprend en outre :

« Un membre du conseil général ;

« Un membre du conseil d'arrondissement ;

« Un officier, désigné par le général commandant « le département.

« En cas de partage, la voix du président est « prépondérante.

« Un médecin militaire est attaché au conseil de « révision.

« Ce conseil se transporte successivement dans « les différents chefs-lieux de l'arrondissement.

« Toutefois, selon les localités, le président peut « réunir, pour les opérations du conseil, les jeunes « gens appartenant à plusieurs cantons. »

VII

Constitution de l'armée territoriale.

Désormais, la *garde nationale mobile* et la *garde nationale sédentaire* sont radicalement abolies, pour être remplacées par la *réserve de l'armée active* et *l'armée territoriale*.

Tous les citoyens électeurs composaient autrefois la garde nationale; à l'avenir, les seuls hommes de 20 à 34 ans seront incorporés dans l'armée territoriale, et ceux de 34 à 40 ans, dans la réserve de cette même armée.

Il semble, d'après la loi, qu'à partir de l'âge de 40 ans, les Français doivent être définitivement affranchis de tout service militaire.

Ceci posé, ma première préoccupation est de rechercher par quels moyens l'armée territoriale sera immédiatement constituée; car, ici, la loi a son effet pour tous les Français qui n'ont pas dépassé l'âge de 40 ans. (Voir article 77.)

J'admets que l'organisation de l'armée territoriale soit parachevée en quatre années. Ce délai nous reporte ainsi au 1er janvier 1877, et je prends pour point de départ des contingents annuels de *cent mille* hommes.

Dans ces conditions, l'armée territoriale se composera : au 1er janvier 1877, des classes 1863, 1864, 1865, 1866 et 1867. La réserve de l'armée territoriale des classes 1857, 1858, 1859, 1860, 1861 et 1862.

Onze classes, en tout, représentant onze années de service exigées dans l'armée territoriale.

Je dis, plus haut, que j'admets des contingents égaux de *cent mille* hommes, mais il est évident que les onze classes précitées ne se trouveront plus composées, le 1er janvier 1877, des *cent mille* hommes dont elles étaient formées à l'époque du tirage au sort. Elles auront subi des pertes annuelles, par suite de décès et exemptions, pouvant s'élever à une moyenne de *cinq pour cent* par an.

D'après ce calcul (pertes moyennes de 5 0/0), les anciens contingents de 100,000 hommes, fournis à

l'armée territoriale, seront réduits, au 1er janvier 1877, à.................................. 285,154 h.
et les six contingents de la réserve, à.. 258,386

Total pour les onze contingents...... 543,540 (1)
auxquels il convient d'ajouter les effectifs probables de l'armée *active* et de sa *réserve* à la même époque............. 739,506

Total............... 1,283,046 h.

Les contingents de l'armée active, ajoutés aux contingents de l'armée territoriale, présenteront donc une force de 1,283,046 hommes prêts à entrer en campagne.

Voilà, sans doute, un chiffre colossal : *treize cent mille hommes*, et quelques esprits superficiels douteront que la France puisse, dans quatre ans, mettre sur pied une semblable armée, bien encadrée, convenablement instruite, également équipée et armée.

On doutera, peut-être, que la mobilisation et la concentration rapides de pareilles masses puissent s'effectuer.

---

(1) ARMÉE TERRITORIALE (5 ans, 5 classes)			RÉSERVE de l'ARMÉE TERRITORIALE (6 ans, 6 classes)		
Classe 1867	63,026	hommes	Classe 1862	48,768	hommes
» 1866	59,875	»	» 1861	46,330	»
» 1865	56,881	»	» 1860	44,014	»
» 1864	54,037	»	» 1859	41,814	»
« 1863	51,335	»	» 1858	39,723	»
			» 1857	37,737	»
	285,154	»		258,386	»

Effectif probable de l'armée territoriale, au 1er janvier 1877 : 543,540 hommes.

Nos devanciers, et parmi eux des autorités dans l'art militaire, ont pensé que, pour conserver aux troupes l'*esprit militaire*, qui détache l'homme de la famille et lui donne l'insouciance devant les dangers inséparables de la guerre, il fallait l'éloigner sur-le-champ de ses foyers et surtout ne pas former des régiments provinciaux, où tous les hommes d'un même département se trouveraient réunis.

Ce système a pour conséquence d'occasionner des frais considérables de transport d'hommes et de nuire à la rapide mobilisation.

La loi nouvelle a cependant consacré de nouveau ce principe pour l'*armée active*. Nos législateurs ont peut-être craint aussi que, dès les premiers combats, certains régiments régionaux se trouvant, par suite des chances de la guerre, en partie décimés, il ne s'ensuivît un accablement funeste et un découragement profond parmi toutes les familles d'une seule localité ; tandis que la destruction d'un régiment, formé d'éléments tirés de toutes les provinces, ne saurait avoir, pour chaque région en particulier, l'apparence d'un véritable désastre.

Quant à l'armée territoriale, placée en réserve, la formation par régions a prévalu.

Nous nous féliciterons un jour de cette organisation, si le pays veut bien l'accepter avec patriotisme, car ce ne sera jamais sur des levées tumultueuses qu'il faudra compter pour défendre le territoire de la République. En 1793 et 1794, les armées de la République; de 1775 à 1783, les Etats-Unis, et les Espagnols durant la guerre de l'indépendance, l'ont prouvé.

Mais les citoyens français, quelle que soit leur fortune ou leur profession, reconnus aptes à porter les armes, doivent concourir à la défense du sol sacré de la patrie. Une armée ainsi constituée et dont le recrutement sera équitable, deviendra éminemment nationale.

Il ne faut pas, à tout prix, que les classes aisées, où l'instruction est naturellement répandue, s'affranchissent de l'*impôt du sang*, tandis que les indigents fourniront les remplaçants. Car, de cette façon, l'armée serait privée de sujets capables et lettrés, et le fils du fermier marcherait à contre-cœur, si le fils du propriétaire menait, pendant ce temps, joyeuse vie loin des camps.

VIII

Projet de réglement pour l'armée territoriale.

Régiments bis.—Mouvements.—Marches de concentration. — Tableau de rassemblement des régiments.

J'ai supposé que l'effectif de l'armée territoriale s'élèverait, le 1er janvier 1877, au chiffre approximatif de 543,540 hommes.

Le territoire de la République pourrait être divisé en douze ou quinze régions ou commandements militaires de l'armée territoriale, chargés de la direction de 30 à 35,000 hommes l'un, de toutes armes (infanterie, cavalerie, artillerie et génie). Ces circonscriptions militaires seraient constituées de façon à ce que la population de chaque région soit à peu près la même.

Les régiments d'infanterie devraient porter des numéros correspondants à ceux des régiments de ligne de l'armée active, on ajouterait, à ces numéros, la formule *bis* pour les distinguer, et l'uniforme serait identique pour les soldats de l'armée active comme pour ceux de l'armée territoriale.

On apercevra bientôt quelle rapidité de concentration et quelle mobilité pourraient avoir ces régiments appelés à l'activité.

Admettons que les départements la de Somme et du Pas-de-Calais forment une des nouvelles divisions. Le général de division a son quartier général à Arras. Il donne l'ordre, le 1er jour du mois, à ses généraux de brigades, de réunir leurs régiments, escadrons et batteries, pour être rendus à Douai trois jours après. Par le télégraphe, le même jour, les chefs de corps sont prévenus, ainsi que les commandants de compagnies. Les compagnies sont ralliées en un jour, et, en deux jours, des localités les plus éloignées des voies ferrées, peuvent arriver, à la gare la plus voisine, les contingents de ces compagnies.

Une loi réservera, à l'armée territoriale, le droit de logement chez l'habitant.

Il est certain qu'après trois jours, les régiments de ces deux départements auront rallié Douai, où l'armement et les munitions pourront être délivrés, si les hommes n'ont pu être pourvus de ces choses dans leurs départements.

Il est encore indispensable, pour que ces mouvements s'opèrent sans encombre, que la mobilisation de chaque division territoriale soit combinée d'avance, de telle sorte que les chefs de corps sachent exactement le jour, l'heure et le lieu où ils devront réunir leurs troupes. Ce travail d'ensemble, facile à exécuter, devra être remis à tous les officiers de l'armée, et on inscrira sur les livrets des hommes le *tableau de rassemblement* de leur régiment propre.

Sitôt la mobilisation prescrite pour tel ou tel régiment de l'armée territoriale, les hommes attachés à ce régiment n'auront qu'à consulter leur livret pour savoir qu'ils doivent être rendus à tel endroit, 4, 5 ou 6 jours après la date du décret de mobilisation. Ces décrets devraient être affichés dans toutes les communes de France, afin que les hommes éloignés temporairement de leur résidence habituelle soient prévenus.

Un tableau conforme au modèle ci-après pourrait être adopté :

IX

Tableau du rassemblement du 50e régiment bis.

..... DIVISION DE L'ARMÉE TERRITORIALE

Département du Pas-de-Calais, arrondissement d'Arras.

	N° du régim.	N° du bataillon	N° de la comp.	Lieux de ralliement des compagnies.	Nombre de jours pour le ralliement.	Gare de chemin de fer pour ralliement des compagn.	Nombre de jours pour atteindre la gare	Lieu de rassemblement du régiment.	Nombre total de jours pr se rassembler sur le régim.
INFANTERIE	50e rég. *bis*.	1er bat.	1	Arras.....	1	Arras.....	1	Arras	1
			2	Id......	1	Id......	1	Id..	1
			3	Id......	1	Id......	1	Id..	1
			4	Bapaume.	1	Achiet....	2	Id..	3
			5	Beaumetz	1	Arras.....	1	Id..	2
			6	Pas.......	1	Id......	2	Id..	3
			7	Vitry.....	1	Vitry.....	1	Id..	2
			8	Beaumont	1	Beaumont	1	Id..	2
ARTILLERIE (batterie).			1	Arras. ...	1	Arras.....	1	Id..	1
CAVALERIE (escadron).			1	Arras.....	1	Arras.....	1	Id..	1

X

Réunions d'exercices. Camps d'instruction

Trente jours de réunion d'exercices, 1873,— première année de la mise en application de la loi nouvelle, — seraient nécessaires, pour l'instruction de la nouvelle troupe.

Les années suivantes, ces réunions d'exercices se faient de plus courte durée.

Après les épouvantables désastres que nous avons subis à Sedan et à Metz, après l'invasion, après la cession de l'Alsace-Lorraine, après enfin la honte de la défaite, jointe au désir de la réhabilitation, il n'est pas un Français qui ne se soumette, j'en suis convaincu, aux plus durs sacrifices, pour aider la patrie à reconquérir, dans le monde, la place qu'elle y doit nécessairement occuper.

Or, le sacrifice que nous devons prescrire à tous les citoyens, c'est l'aliénation momentanée de leurs loisirs pour venir dans un camp d'instruction, sur la place d'armes de leur cité, devant la mairie de leur village, s'initier, en commun, à la pratique de la défense.

Nous ne vivons plus dans le siècle où l'homme qui possède rémunérait un serviteur chargé de veiller à la défense de son bien ; désormais chacun doit concourir à sauvegarder, fût-ce même au péril de sa vie, sa famille et sa propriété. C'est plus qu'un devoir, c'est une question de vie ou de mort pour la France.

ALBERT CAISE,
ancien capitaine.

Paris. — Imp. Nouv. 14, r. des Jeûneurs. — G. Masquin et Cº.